DEJAR DE FUMAR

Deja de una vez el tabaco

<u>¡¡IMPORTANTE!!</u>

No tienes los derechos de Reproducción o Reventa de este Producto.

Este Ebook tiene © Todos los Derechos Reservados.

Antes de venderlo, publicarlo en parte o en su totalidad, modificarlo o distribuirlo de cualquier forma, te recomiendo que consultes a los autores, es la manera más sencilla de evitarte sorpresas desagradables que a nadie gustan.

Los autores no pueden garantizarte que los resultados obtenidos por ellos mismos al aplicar las técnicas aquí descritas, vayan a ser los tuyos.

Básicamente por dos motivos:

Sólo tú sabes qué porcentaje de implicación aplicarás para implementar lo aprendido (a más implementación, más resultados).

Aunque aplicaras en la misma medida que ellos, tampoco es garantía de obtención de las mismas ganancias, ya que incluso podrías obtener más, dependiendo de tus habilidades para desarrollar nuevas técnicas a partir de las aquí descritas.

TABLA DE CONTENIDOS

El día que cambie su vida

A lo largo del curso de la lectura de este libro, usted aprenderá cómo obtener la ayuda correcta para dejar de fumar y cómo mejorar sus probabilidades de no fumar para siempre. En los capítulos siguientes, usted aprenderá las mejores maneras de dejar de fumar, así como los nuevos tratamientos para ayudarle a dejar de fumar. Hay una amplia variedad de tratamientos y medicamentos disponibles hoy en día que pueden aumentar drásticamente sus probabilidades al doble, de dejar de fumar para siempre, y a veces incluso triplicar las probabilidades. Este libro le dará consejos sobre cómo evitar una recaída, y le dará los datos sobre las preocupaciones que pueda tener acerca del aumento de peso y los cambios de humor. También aprenderá la importancia de un buen sistema de apoyo junto con buenos tratamientos como la NRT (terapia de reemplazo de nicotina, del inglés Nicotine Replacement Therapy) y medicamentos.

Dejar de fumar es difícil, pero con la ayuda, la motivación y un buen sistema de apoyo adecuados, usted puede dejar de fumar para siempre.

BUENAS RAZONES

Hay muchas razones para dejar de fumar, incluyendo vivir una vida mucho más larga y mejor, y también reducir sus probabilidades de muchas enfermedades terribles como ataques al corazón, derrames cerebrales y muchos tipos de cáncer. Otras razones que usted puede tener para dejar de fumar podrían ser que sus amigos y familiares estarán más sanos, especialmente sus hijos, si no están expuestos a los peligros del humo de segunda mano. Quedarse embarazada es una gran razón para dejar de fumar para bien tanto para su salud como para la del bebé. Tal vez una de las razones menos comentadas pero igualmente importantes para dejar de fumar son las grandes cantidades de dinero extra que tendrá que gastar en lo que quiera, como unas vacaciones, reparaciones en la casa, una piscina o cualquier otra cosa que necesite.

Dejar el hábito puede sonar muy bien, pero hay muchas razones por las que la mayoría de las personas no pueden simplemente detenerse y evitar comenzar de nuevo a través de la pura fuerza de voluntad. Durante el tiempo en que las personas están tratando de dejar de fumar, experimentan terribles síntomas de abstinencia que les afectan tanto física como mentalmente. El cuerpo se acostumbra a tener nicotina como una parte regular de sentirse bien y no puede funcionar sin ella. Así que, cuando le quitas esta muleta, el cuerpo reacciona de una manera violenta causando que te sientas ansioso, inquieto, deprimido, enojado, o incluso mareado, sólo por nombrar algunos. Aunque el síndrome de abstinencia puede ser una experiencia terrible, uno tiene que darse cuenta de que el corto período de incomodidad bien vale la pena todos los beneficios de dejar de fumar para usted y para las personas que lo rodean. En este día, la gente no puede seguir ignorando los hechos acerca de cómo el fumar afecta su cuerpo y a todos los que están a su alrededor. Los hechos son claros: si no dejas de fumar, morirás.

A nivel mundial, hay un total de 1.100 millones de personas que son fumadores confirmados. La mayoría de las personas que empiezan a fumar no son plenamente conscientes de lo adictivos y peligrosos que son los cigarrillos. Hay programas en la escuela para que los niños les informen de los peligros y algunas etiquetas de advertencia en los paquetes, pero nada de esto es realmente suficiente para darle una idea exacta de lo que está sucediendo dentro de su cuerpo. Uno de los problemas con las advertencias en los paquetes de cigarrillos es que realmente no te dan una idea completa de las cosas terribles que le estás haciendo a tu cuerpo cada vez que das una calada. No siga diciéndose a sí mismo que tiene mucho tiempo para dejar de fumar. No se diga a sí mismo que sólo fuma unos pocos cigarrillos al día, y que los graves desastres del cáncer y las enfermedades cardíacas sólo afectarán a los demás. Estas mentiras sólo prolongarán las cosas terribles que le están sucediendo a su cuerpo y le harán más difícil detenerse cuando decida hacerlo. Es de suma importancia que usted conozca los hechos de lo que le hace fumar, para que pueda tomar esa difícil pero muy importante decisión de dejar de fumar para siempre.

La mayoría de las personas que fuman empezaron en la escuela secundaria o en el instituto, y para cuando deciden que quieren dejar de fumar, han estado fumando tanto tiempo que su cuerpo depende totalmente de la nicotina. Esto hace que sea muy difícil detenerse y no volver a arrancar. De hecho, la mayoría de los fumadores comenzaron antes de los

18 años. Esto significa que para cuando decidan dejar de fumar, ya habrán comenzado a experimentar los estragos que el humo del tabaco causa en su cuerpo. Aprenderán de primera mano por qué es tan difícil dejar de fumar. Tenga en cuenta que será difícil y esté listo para aceptar el apoyo de sus amigos y familiares para ayudarlo a dejar de fumar para siempre.

1 LOS PELIGROS DE FUMAR

Además de los riesgos del tabaquismo relacionados con la salud, la aceptación social de los fumadores está disminuyendo día a día. Una de las razones por las que fumar se está volviendo socialmente inaceptable es que cuando usted fuma, no sólo afecta sus pulmones y su vida, sino que puede tener efectos dramáticos en las personas que lo rodean y que están respirando. Si usted fuma, toda su familia, incluyendo a sus hijos, puede verse afectada negativamente por su hábito de fumar. Cuando los padres fuman, especialmente las madres que están embarazadas, sus hijos tienen más probabilidades de padecer asma, infecciones de oído, bronquitis y muchos otros problemas respiratorios. En este día, con toda la información disponible sobre cómo el fumar afectará negativamente al bebé que crece en su interior, es absolutamente inaceptable que las mujeres embarazadas fumen durante cualquier parte del embarazo. Además de los riesgos para la salud de los niños por parte de sus padres fumadores, también es más probable que los hijos de fumadores empiecen a fumar por sí mismos. Esta es la razón por la que es crucial dar un buen ejemplo dejando de fumar ahora. Sus hijos estarán agradecidos por toda la nueva energía que puedan dedicarles, y también por el hecho de que vivirán para estar con ellos por mucho más tiempo.

Con más y más fumadores que dejan de fumar todos los días, las personas están mejorando su salud así como su esperanza de vida. Los fumadores que dejan de fumar antes de cumplir los cincuenta años reducen asombrosamente a la mitad el riesgo de morir en los próximos 15 a 20 años. Algunos de los beneficios de dejar de fumar son graduales, aunque usted verá algunos resultados incluso ese mismo día. Por ejemplo, sólo veinte minutos después de que usted tome esa última bocanada, ya notará los beneficios de dejar de fumar por la disminución de su presión arterial y su frecuencia cardíaca. La presión arterial alta y las enfermedades cardíacas son sólo algunos de los terribles efectos del tabaquismo que discutiremos en profundidad en el próximo capítulo.

LOS VERDADEROS PELIGROS

La mitad de los fumadores que continúan fumando eventualmente morirán por los efectos de su hábito. Cada año, hay alrededor de cuatro millones de personas que mueren en todo el mundo a causa del tabaquismo y de enfermedades relacionadas con el tabaquismo. Los cánceres, junto con muchas otras enfermedades incluyendo enfisema, enfermedad cardíaca, aneurismas, apoplejías y bronquitis son todos causados o empeorados por fumar cigarrillos en forma regular. Los daños causados por el tabaquismo pueden ser muy graves y pueden incluir desde problemas físicos como enfermedades hasta problemas mentales, sociales y financieros.

CÁNCER

El cáncer es una de las consecuencias más graves del tabaquismo. Fumar es la causa de casi el treinta por ciento de todas las muertes relacionadas con el cáncer. Fumar se ha relacionado con cánceres de pulmón, de boca u oral, de laringe, de esófago e incluso de vejiga.

El cáncer de pulmón es uno de los cánceres más difíciles de tratar en mujeres y hombres, lo cual es triste porque la mayoría de los cánceres de pulmón que desarrollan las personas se pueden prevenir. Este tipo de cáncer es el principal asesino de los hombres y la segunda causa de muerte por cáncer en las mujeres, entre los diversos tipos de cáncer. Apenas entre el doce y el quince por ciento de los tratamientos administrados para el cáncer de pulmón en realidad están curando a los pacientes. El otro 85 por ciento se enfrentará a la consecuencia final de sus hábitos de fumar. El cáncer de pulmón se puede prevenir en más del noventa por ciento de los pacientes diagnosticados con la enfermedad. Incluso con todas las otras razones puestas a un lado, esta debería ser una razón muy importante para dejar de fumar ahora mientras todavía tiene la oportunidad de prevenir más daño a sus pulmones. Aunque todavía existe el riesgo de contraer cáncer de pulmón incluso después de dejar de fumar, el riesgo de contraer cáncer de pulmón disminuye con el paso del tiempo. Los síntomas más comunes del cáncer de pulmón incluyen falta de aliento, tos, a veces con sangre, y una dramática pérdida de peso. Para cuando usted tenga estos síntomas podría ser demasiado tarde, así que haga esfuerzos para dejar de fumar ahora y para siempre.

Otra forma terrible de cáncer que puede ser causado por fumar es el cáncer de boca, o cáncer oral. El cáncer oral puede incluir cáncer de boca, labios, cavidad nasal, glándula salival, tejido amigdalino e incluso la mejilla. Sólo en los Estados Unidos este año, se estima que treinta y cuatro mil personas serán diagnosticadas con algún tipo de cáncer oral, y en más de la mitad de estos casos el cáncer se habrá desarrollado hasta las últimas etapas de la enfermedad. Masticar el tabaco es un factor de riesgo muy alto para contraer cáncer oral porque el tabaco está en contacto directo con la membrana mucosa. En la India, es bastante común masticar tipos de tabaco, por lo que los cánceres orales constituyen casi el cuarenta por ciento de todos los tipos de cáncer del país. Esta cifra es alta en comparación con la del Reino Unido, que es de alrededor del cuatro por ciento.

Tenga en cuenta que esto no significa que la única manera de contraer cáncer oral sea masticando tabaco. Fumar cigarrillos es responsable de casi el setenta y cinco por ciento de los casos que involucran algún tipo de cáncer oral, porque fumar cigarrillos causa irritación de los tejidos a través del humo, y también el calor alto. Esta irritación de los tejidos lleva a la ruina de las células, y eventualmente lleva a cánceres orales. Los cánceres orales son, al igual que los cánceres de pulmón, en gran medida prevenibles y la mejor manera de prevenir cualquier daño adicional a la boca es dejar de fumar ahora y para siempre.

Sin embargo, el cáncer sólo es responsable de la mitad de las muertes causadas por el tabaquismo. Se ha comprobado que las enfermedades cardíacas, el enfisema, así como muchas otras enfermedades terribles son causadas o empeoradas por fumar cigarrillos regularmente.

ENFERMEDAD CARDIACA Y PULMONAR

La enfermedad cardíaca, al igual que los derrames cerebrales, es la principal causa de muerte por fumar. Además del estrés que pone en el corazón para fumar, también se produce una acumulación de placa en las arterias a causa de las toxinas del humo del cigarrillo, que en última instancia conduce al endurecimiento de las arterias. Es posible que las enfermedades cardíacas relacionadas con el tabaquismo lleven a los pacientes a tener insuficiencia cardíaca congestiva, que es una de las principales causas de muerte en el mundo occidental. Fumar aumenta la presión arterial, aumenta su riesgo de coágulos sanguíneos y también disminuye su tolerancia al ejercicio, lo cual puede sumarse a sus factores de riesgo de cardiopatía coronaria y accidente cerebrovascular. Aunque el daño al corazón y a los vasos sanguíneos por fumar es muy serio, después de cinco a quince años su riesgo de apoplejía vuelve a ser el de un no fumador, así que cuanto antes deje de fumar, mejor.

Fumar es la causa del enfisema en el 80 a 90 por ciento de los casos de la enfermedad diagnosticada. Esta enfermedad se presenta lentamente y por lo general no se presenta hasta después de muchos años de exposición continua al humo del cigarrillo. Aunque el enfisema es causado por algunas otras cosas además de fumar, fumar lo hace diez veces más propenso a morir de enfisema que una persona que nunca ha estado expuesta al humo del cigarrillo. Algunos de los principales síntomas del enfisema incluyen ansiedad, tos constante, falta de aliento, hinchazón de los tobillos y los pies, sibilancias y pérdida de peso. Debido a que el enfisema es una enfermedad de desarrollo lento, usted ni siquiera sabe que la tiene hasta que ya le está impidiendo respirar adecuadamente, lo cual en algunos casos es demasiado tarde para hacer algo al respecto. Aunque los terribles efectos de la enfermedad son permanentes e incurables una vez que se desarrollan, usted puede dejar de fumar ahora mismo, y ayudar a prevenir que ocurra más daño y posiblemente aumentar la función pulmonar.

DAÑO CEREBRAL

Sorprendentemente, otro factor de riesgo de fumar son los aneurismas cerebrales. La mayoría de las personas no son conscientes del hecho de que la nicotina en los cigarrillos daña los vasos sanguíneos en el cerebro, lo que a menudo conduce a aneurismas. A veces, cuando te das cuenta de que estás teniendo un aneurisma, ya es demasiado tarde. La clave para tratar un aneurisma es la detección temprana, como sucede con el cáncer. Sin embargo, la mejor manera de tratar los aneurismas es prevenirlos completamente, y esto se puede hacer en algunos casos, no fumando nunca o dejando de fumar tan pronto como sea posible para siempre.

PROBLEMAS MENTALES

Los problemas mentales del tabaquismo son evidentes para cualquiera que haya visto a alguien adicto a la nicotina que haya tenido que pasar sin su dosis. La tensión mental y los antojos cuando el cuerpo está bajo de nicotina son insoportables para algunos. Las personas que son adictas a fumar descubren que ni siquiera las tareas más simples se pueden realizar sin fumar primero. La falta de nicotina causa problemas para concentrarse, pensar y resolver problemas, o incluso para decidir qué desayunar. Los fumadores se convierten en esclavos de su hábito y no pueden funcionar sin la droga. Cuando la necesidad de la droga es tan fuerte que no puede funcionar sin ella, entonces es aún más probable que no se dé cuenta o simplemente niegue los efectos negativos que el fumar está teniendo en usted mental y físicamente.

¡No deje que su fuerte adicción a la nicotina le quite la oportunidad de vivir una vida más larga y saludable!

Los problemas mentales asociados con el tabaquismo pueden conducir a problemas sociales. La falta de concentración y nerviosismo puede ser un verdadero problema para las personas cuando están en una cita o en el trabajo. Los fumadores no pueden calmarse y sentirse normales sin tomarse un descanso para fumar, y esto puede causar terribles problemas, ya que la mayoría de los lugares de trabajo no permiten fumar en interiores. Los fumadores tienen que esperar hasta sus descansos para obtener un arreglo y durante el tiempo que transcurre entre ellos no podrán trabajar a su máximo potencial. También es cierto que los empleadores son mucho más propensos a contratar a los no fumadores que a los fumadores por una serie de razones, entre las que se incluyen el aumento habitual de los días de enfermedad de los fumadores, el aumento de los costos de salud y muchas otras.

PROBLEMAS EMOCIONALES Y SOCIALES

Fumar también puede causar problemas sociales cuando se trata de construir una relación. La mayoría de las personas que fuman se verán limitadas a tener que salir con otros fumadores y casarse con ellos para encontrar a alguien que tolere su hábito, lo que limitará severamente la cantidad de esposos y esposas potenciales. Cuando usted va a las casas de sus amigos o viaja en su coche, puede que se dé cuenta de que no permiten fumar, lo que podría ser una gran carga para su amistad. Fumar causará problemas al tratar de obtener un seguro de salud, ya que sus tarifas podrían ser más altas. Otro riesgo social del tabaquismo podría ser que algunos propietarios no alquilen a las personas que fuman, debido al aumento de los costos tanto del seguro como del mantenimiento. Todos estos problemas sociales con el tabaquismo no sólo pueden distanciarlo de sus amigos y familiares, sino que también pueden limitar el lugar donde se le permite trabajar y vivir.

LOS COSTES FINANCIEROS

La presión financiera del tabaquismo en un hogar o en una persona soltera es mayor de lo que usted podría pensar. El costo de los cigarrillos es cada vez más alto, y dejar de fumar ahora le ahorrará más de lo que usted piensa. Ahorrará su salud así como grandes cantidades de dinero. El costo anual para una persona que fuma dos paquetes al día a un costo promedio de $4.68, que asciende a $3,416.40 cada año, o $17,082.00 cada cinco años. En euros también serían importes similares. ¿Se imagina todo lo que podría comprar en un año con un extra de $3,400 o 3.400€? Seguro que será una lista enorme.

2 EL TABAQUISMO Y LAS OSCURAS ESTADÍSTICAS

El humo que sale del extremo de un cigarrillo está lleno de más de 3000 químicos incluyendo, por supuesto, nicotina, pero también formaldehído, cianuro de hidrógeno, acetona e hidracina, sólo por nombrar algunos. El formaldehído se utiliza para embalsamar cadáveres. El químico llamado cianuro de hidrógeno es un veneno para ratas. La acetona es un producto químico que se utiliza para quitar el esmalte de uñas, y la hidracina es un componente del combustible para cohetes. Es cierto que nadie en su sano juicio respiraría o consumiría ninguna de estas diferentes sustancias por sí mismo, así que es muy extraño cómo la gente puede ignorar tan exitosamente todas las cosas terribles que están inhalando en sus pulmones con cada bocanada. El poder que la nicotina tiene sobre la gente es asombroso.

En todo el mundo hay casi 5,4 millones de muertes que son el resultado del consumo de tabaco. 1,2 millones de personas en China mueren cada año a causa del tabaquismo, que es un porcentaje enorme de los 5,4 millones en todo el mundo. En Europa mueren cada año alrededor de 650.000 personas por fumar o por enfermedades relacionadas con el tabaquismo. En la India, cada año casi 900.000 personas terminan muertas por enfermedades relacionadas con el tabaquismo. Rusia tiene entre 400 y 500 mil personas que mueren cada año por enfermedades causadas por el tabaquismo. Todos estos números terribles aumentan cada año y,por ejemplo, en el año 2015 hubo 6.5 millones de personas que murieron por fumar asiduamente. No se convierta en una de estas terribles estadísticas y haga el compromiso de dejar de fumar para siempre.

De los más de 6.000 millones de personas que viven en el planeta, casi 1.300 millones son fumadores confirmados, que es la población total de China. En Estados Unidos, de toda la población, el 18 por ciento de las mujeres fuma, y un asombroso 24 por ciento de los hombres fuman. El problema del tabaquismo es mucho peor en el sudeste asiático, donde la mitad de la población total de los hombres del país fuma.

El consumo de tabaco puede causar graves problemas de salud. En la India, casi el 40 por ciento de los problemas de salud que tienen están relacionados con el tabaco. Los riesgos de contraer cáncer de pulmón, enfermedades cardíacas, coágulos sanguíneos y derrames cerebrales aumentan drásticamente al fumar cigarrillos. También es mucho más probable que te enfermes cuando eres fumador, porque fumar suprime el sistema inmunológico del cuerpo. Se ha documentado que un tercio de todos los casos de cáncer son causados de alguna manera por el uso del tabaco. Fumar tabaco es la causa de muerte más prevenible en el mundo. Sin embargo, no son los estúpidos los que fuman. La mayoría de las personas que empiezan a fumar tenían curiosidad o estaban mal informadas sobre la naturaleza adictiva y terrible de fumar cigarrillos.

La mayoría de las veces, los fumadores son personas más pobres. En lugares de todo el mundo como Inglaterra y Estados Unidos, la mayoría de los fumadores se encuentran en las comunidades más pobres. A menudo se dice que fumar está relacionado con la pobreza; parece que todas las empresas están intentando de cualquier manera posible dirigirse a nuevas personas para engancharse al tabaquismo. Sólo en los Estados Unidos las compañías tabacaleras gastan anualmente, casi 50 dólares por persona en publicidad y marketing.

HUMO DE SEGUNDA MANO

Fumar no sólo es malo para usted, sino para toda la gente que le rodea. Alrededor de la mitad de las personas que no fuman siguen estando expuestas al humo de forma rutinaria a través de medios de segunda mano. Cerca de 70 mil muertes por enfermedades del corazón son causadas de alguna manera por la exposición al humo de segunda mano. El humo de segunda mano tiene los mismos 3-4000 químicos que el humo que usted inhala directamente, aunque en cantidades mayores. Fumar es un problema grave en China, donde 100.000 personas mueren cada año a causa del humo de segunda mano. La gente se dice a sí misma que el humo de segunda mano no mata a la gente, así que pueden dormir por la noche después del último humo del día. Sin embargo, el humo de segunda mano es una causa real de muertes prevenibles en todo el mundo.

La mayoría de las personas que tratan de dejar de fumar tienen que intentarlo de cinco a siete veces antes de poder dejar de fumar para siempre. Así que incluso si falla al principio, recuerde: ¡no es un fracasado! Es muy difícil dejar de fumar. Recuerde también que dejar de fumar es la única manera de reducir el riesgo de cánceres y enfermedades cardíacas para los fumadores, sin importar el tipo de cigarrillo que fume. Ningún tipo de cigarrillo es más seguro que otro, así que la única manera de estar sano es dejar de fumar por completo.

3 POR QUÉ ES TAN DIFÍCIL ROMPER EL DOMINIO DEL TABACO

Hay muchas razones mentales y físicas por las que el tabaco tiene un poder tan fuerte sobre usted, incluyendo los efectos depresivos que tiene sobre su cuerpo y mente. La droga en la nicotina le da la sensación agradable y relajada de que el fumador se engancha.

Cuanto más fume, mejor se adapta su sistema nervioso a la nicotina, aumentando así el número de cigarrillos que necesitará fumar cada día para tener la misma sensación. Este nivel de tolerancia aumenta una y otra vez y lentamente se ha pasado de unos pocos cigarrillos al día a una cajetilla y media y ni siquiera se ha dado cuenta.

DEPENDENCIA DE NICOTINA

Su cuerpo y su mente se vuelven muy dependientes de la nicotina. Cada vez se necesita más y más para sentirse normal. Esto significa que mientras más cigarrillos fume diariamente en este momento, más difícil será cuando finalmente decida dejar de fumar. El síndrome de abstinencia es una de las peores cosas por las que deben pasar los fumadores cuando intentan dejar el hábito. Los síntomas de abstinencia son muy difíciles de manejar y sin algún tipo de ayuda o apoyo, y muchas veces incluso con estos, es muy probable que no pueda dejar de fumar para siempre en el primer intento. La abstinencia ocurre tanto a nivel mental como físico. A nivel mental, al fumador le resultará muy difícil lidiar con el hábito de fumar y la falta de cosas que hacer con la boca y las manos. A nivel físico, su cuerpo tendrá una reacción severa a la falta de la droga nicotina de la que ya es completamente dependiente.

Incluso los fumadores que sólo han fumado durante un par de semanas de forma regular, tendrán síntomas de abstinencia por la falta de nicotina. La nicotina recibida en el torrente sanguíneo por fumar llega a su cerebro mucho más rápido que los medicamentos que se le administran por vía intravenosa. Así que el arreglo que se obtiene de él es casi instantáneo, la falta de esto causará muchos síntomas terribles. Los síntomas del síndrome de abstinencia son una de las muchas razones por las que las personas no dejan de fumar o no lo hacen para siempre.

RETIRADA

La mayoría de las personas no se dan cuenta de la gravedad de los síntomas de la abstinencia durante días o semanas. La razón de esto es que sin duda han tenido alguna abstinencia menor mientras compraban o hacían otra cosa en la que no se permite fumar. Estas pequeñas dosis de abstinencia hacen que el fumador subestime enormemente lo insoportables que serán los síntomas cuando reduzca el consumo de tabaco o simplemente deje de fumar. También es cierto que la mayoría de las personas, incluso si saben lo terribles que serán los síntomas, hacen muy poco o nada, para planear con anticipación o ayudar a tratar estos problemas. No es como si sus problemas en la vida se congelaran o dejaran de estar allí sólo porque usted está pasando por un síndrome de abstinencia severo de una droga. Las personas que tratan de dejar de fumar se dan cuenta muy rápidamente de lo desesperadamente que dependen de la nicotina para ayudarles a sobrellevar los problemas de la vida y a sentirse normales.

UN PLAN PARA SOBRELLEVAR LA SITUACIÓN MIENTRAS SE DEJA DE FUMAR

Trate de desarrollar un plan para lidiar con los síntomas de abstinencia y trabaje para estar lo más relajado posible durante el tiempo que planea dejar de fumar. Es esencial descansar mucho y comer bien durante las primeras dos semanas después de dejar de fumar. Una gran idea es utilizar su tiempo de vacaciones o tiempo libre pagado para obtener un montón de sueño extra durante al menos la primera semana de su plan para dejar de fumar, y no se olvide de beber mucha agua. Se sorprenderá de lo fácil que será acostumbrarse a la falta de tabaco si está lo más relajado posible durante la primera o segunda semana.

También es muy fácil para las personas que quieren dejar de fumar para siempre superar la confianza en su capacidad de dejar de fumar. Esto generalmente es causado por la dependencia de la terapia de reemplazo de nicotina para curar o prevenir los síntomas de abstinencia. El reemplazo de nicotina tiene la intención de ayudarlo a superar el síndrome de abstinencia. Sin embargo, usted todavía se sentirá incómodo y seguirá teniendo antojos de cigarrillos, incluso con la ayuda de sustitutos de la nicotina. Esto significa que usted necesita estar bien consciente de que el tratamiento de nicotina no curará su abstinencia, y ciertamente no curará sus antojos y hábitos. Si usted se da cuenta de que va a necesitar mucho trabajo y motivación, así como mucho apoyo, será más probable que tenga éxito, sin importar qué sustituto de la nicotina haya elegido para ayudarlo.

Es muy importante que usted no confíe en el reemplazo de nicotina para curar o incluso disminuir sus antojos y ciertamente no se deshará de la abstinencia. Si usted tiene un buen plan de lo que debe hacer mientras deja de fumar y especialmente de cómo lidiar con los síntomas de abstinencia que tendrá, entonces tendrá una mejor oportunidad de sobrevivir sin recaídas o engaños.

EVITAR ENGAÑOS

La falta de planificación y la falta de realismo sobre la situación son algunas de las razones más comunes por las que la gente no deja de fumar para siempre. Es una situación difícil para los fumadores con síndrome de abstinencia, porque la gente no habla realmente sobre la gravedad de los síntomas de dejar de fumar. La gente oye que estás tratando de dejar algo como la heroína o la cocaína, e inmediatamente te dicen que te registres en un centro de rehabilitación. Sin embargo, cuando alguien tiene abstinencia de fumar, hay menos preocupación, por lo que la gente no puede comprender completamente lo terrible que puede ser la abstinencia de esta droga. Usted necesita darse cuenta de que la nicotina es una sustancia muy adictiva, y necesitará mucha ayuda para dejar de usarla para siempre.

Antes de dejar de fumar, usted debe tener un plan definido de cómo lidiar con los antojos así como con el síndrome de abstinencia, además de las tensiones diarias usuales de la vida. Por eso es una buena idea tomarse la semana libre después de dejar de fumar, para que pueda relajarse y descansar lo suficiente y ser fuerte para superar la peor parte. También es una buena idea hablar con alguien que ya ha pasado por el proceso y pedirle consejos sobre cómo será cuando deje de fumar.

4 MÉTODOS PARA DEJAR DE FUMAR

DECIDIR SOBRE UN PROGRAMA

Hay cosas que hay que tener en cuenta cuando se decide sobre un programa. Sea muy cauteloso y suspicaz si el programa, promete éxito instantáneo o muy fácil con poco o ningún esfuerzo de su parte, involucra píldoras o inyecciones, cobra una cuota enorme, y no está dispuesto a darle referencias de personas que han utilizado el programa con éxito. Asegúrese de investigar mucho antes de decidir qué programa es el mejor para sus necesidades de dejar de fumar.

También es una gran idea de sistema de apoyo, consultar regularmente con su médico de familia mientras está en el proceso de dejar de fumar. Antes de dejar de fumar, discuta la mejor manera de lograr sus metas mientras deja de fumar y lo que podrían ofrecerle para ayudarlo. Muchos médicos tienen medicamentos para ayudar con los síntomas de abstinéncia, así como con la depresión y otras cosas que usted podría experimentar durante el tiempo que está tratando de dejar de fumar. Además de los diversos medicamentos disponibles con su médico, también pueden recetarle un inhalador de nicotina o un aerosol nasal para ayudarle a aliviar el síndrome de abstinencia. El mejor momento para comenzar a usar un reemplazo de nicotina es en el momento exacto en que usted deja de fumar. Como su médico le dirá, será difícil sin importar el método que elija para dejar de fumar, sin embargo, con la ayuda de su médico puede ser un poco más fácil superar los momentos difíciles.

A medida que siga los pasos para dejar de fumar para siempre, es crucial que tenga un buen sistema de apoyo sólido y un buen plan de qué hacer y a quién llamar en caso de que se sienta tentado a fumar. Tenga siempre a mano los números de los miembros de su sistema de apoyo y, si es posible, pida a alguien que se quede con usted las primeras dos semanas para ayudarlo a mantenerse motivado para seguir dejando de fumar. También asegúrese de buscar en todos los grupos de apoyo posibles en su área porque necesitará toda la ayuda que pueda obtener, mientras más mejor.

SUSTITUTOS DE LA NICOTINA

Si usted está listo para dejar de fumar pero piensa que quiere probar la NRT, o la terapia de reemplazo de nicotina, entonces estará muy contento de encontrar que tiene muchas más opciones que sólo el parche de nicotina. Algunos usuarios del parche encuentran que es la mejor manera de dejar de fumar, pero es bueno saber que hay muchas opciones, por lo que puede elegir la que mejor se adapte a su estilo de vida y a sus objetivos particulares para dejar de fumar. Los sustitutos de la nicotina se usan para ayudarle a dejar de fumar dándole a su cuerpo dosis bajas y controladas de nicotina, sin la adición de toxinas, alquitranes o cualquier otro agente causante de cáncer que usted encontraría en los cigarrillos. La nicotina que usted recibe de la terapia de reemplazo de nicotina es suficiente para superar sus antojos al dejar de fumar. Ningún método funcionará para todos, así que debe decidir cuidadosamente qué método es el mejor para sus necesidades y metas para dejar de fumar.

CHICLES DE NICOTINA

Entre los mejores sustitutos de la nicotina que usted podría considerar usar está la goma de mascar de nicotina, que es una goma de mascar o chicle que le da una cantidad designada de nicotina a lo largo del día mientras que le da a su boca otra cosa que hacer que no involucra soplar en un cigarrillo. La masticación puede ser una buena distracción del hábito de fumar, y la nicotina ayuda a frenar los antojos. Algunos encuentran que este sustituto es el mejor método no sólo para ayudar a la abstinencia, sino también para ayudar al hábito. Otra ventaja de la goma de mascar de nicotina es que está disponible sin receta médica. Con la goma de mascar de nicotina usted recibirá una cantidad igual a uno o dos cigarrillos o alrededor de dos a cuatro mg de nicotina, lo que significa que la cantidad que necesita cada día para ayudar, dependerá de la cantidad de cigarrillos que fumaba al día. La goma de mascar es una forma rápida de introducir la nicotina en el torrente sanguíneo porque se absorbe a través del tejido de la boca, y la goma de mascar nunca debe usarse mientras se fuma.

PARCHES DE NICOTINA

Otro método de sustituto de la nicotina es el parche de nicotina, que está disponible tanto en el mostrador como con receta médica. El parche es un parche transdérmico utilizado para ayudar a dejar de fumar. Un parche transdérmico es un parche adhesivo que es medicado y colocado sobre la piel para administrar una dosis designada del medicamento al torrente sanguíneo a través de la piel. La verdadera ventaja de este método de medicación sobre las píldoras o la medicación tópica es una liberación lenta y controlada de la medicación a la persona a lo largo del día. El parche es bueno para un método de eliminación gradual de dejar de fumar. El parche viene en concentraciones de 21, 14 y 7 mg que le permiten reducir lentamente la cantidad de nicotina que está recibiendo. Si usted fumaba alrededor de un paquete al día tendría que empezar con el parche más alto, sin embargo, si fumaba menos, podría ir directamente al segundo paso.

Existen algunos efectos secundarios asociados con el parche de nicotina, pero no son peligrosos y no son motivo de grave preocupación. Estos efectos secundarios incluyen pesadillas y picazón. Las pesadillas son causadas por el uso del parche en la cama y algunas personas se acostumbran y no tienen más problemas. Sin embargo, si las pesadillas se convierten en un problema, entonces uno puede usar el parche durante diecisiete horas más o menos y quitárselo antes de acostarse, lo cual, aunque puede ayudar a los sueños, no ayudará a los antojos matutinos que uno tiene por los cigarrillos. La comezón puede evitarse siguiendo las instrucciones de los paquetes y colocando el parche en un lugar diferente cada día. Cuando hay comezón, por lo general desaparece en media hora o una hora.

PASTILLAS DE NICOTINA

El sustituto de la nicotina conocido como pastilla de nicotina es otra de las terapias de reemplazo de nicotina de venta libre disponibles para los fumadores que tratan de dejar el hábito. Cada pastilla le da una cantidad designada de nicotina a lo largo del día para ayudar a frenar los síntomas de abstinencia que tendrá al dejar de fumar. La pastilla es similar a la goma de mascar de nicotina porque le está dando el medicamento a través de la boca y muy rápidamente. Una gran ventaja para las encías y las pastillas es el hecho de usar la boca para recibir la nicotina, ya sea disolviéndola lentamente o masticándola. Algunas personas que intentan dejar de fumar se ponen a masticar chicle o a chupar caramelos duros para darle a su boca algo que hacer mientras intentan romper el hábito, por lo que estos NRTs son de gran ayuda tanto en las áreas de abstinencia como en las de deshabituación. Como con todos los medicamentos, es mejor consultar a su médico y leer todas las instrucciones cuidadosamente antes de comenzar cualquiera de estas terapias de reemplazo de nicotina.

INHALADORES DE NICOTINA

Un método muy eficaz de sustitución de la nicotina es el inhalador de nicotina. Este método de inhalación sólo está disponible con receta médica, por lo que debe ir al médico para obtenerlo, pero éste podrá explicarle mejor cómo utilizarlo para su plan de dejar de fumar. Este método de inhalación le da la nicotina de la misma manera que fumar sin el uso de tabaco, lo que significa que usted todavía recibe un zumbido rápido como lo haría con un cigarrillo. El inhalador de nicotina también se puede usar para ayudar a eliminar gradualmente el acto de fumar usando el inhalador más y más hasta que usted deje de fumar y lo use por un tiempo para superar los antojos. Como la mayoría de los otros sustitutos de la nicotina, el inhalador puede duplicar sus probabilidades de dejar de fumar para siempre, en lugar de simplemente tratar de dejarlo sin ayuda. Su médico es la mejor persona para discutir sus necesidades y puede hacer cambios en las cantidades de cartuchos de inhalador durante las primeras semanas de uso. Los efectos secundarios son leves y pueden incluir irritaciones leves de la garganta y la boca, a las que la mayoría de las personas se acostumbran en un corto período de tiempo.

SPRAYS NASALES

El método del sustituto de la nicotina llamado el aerosol nasal de nicotina está, como los otros métodos, diseñado para ayudarle a dejar de fumar mientras reduce el impulso de fumar con dosis bajas de nicotina en aerosoles controlados. El método del aerosol nasal, como el inhalador, sólo está disponible con receta médica y es mejor preguntarle a su médico cuál es el más adecuado para sus objetivos personales. Cuando esté más cerca de superar los antojos, su médico eliminará gradualmente el aerosol o le dirá que deje de usarlo todo junto. Muchos efectos secundarios comunes del aerosol nasal son sensación de calor en el ruido o la garganta, tos, estornudos u ojos llorosos. Los efectos secundarios suelen ser fáciles de ajustar y el aerosol sólo debe usarse según las indicaciones de su médico.

CONSEJO MÉDICO

Aunque los medicamentos ayudan a que sus probabilidades de dejar de fumar sean buenas, siempre es mejor hablar de estas terapias de reemplazo de nicotina con su médico antes de comenzar una, especialmente si está embarazada, es menor de dieciocho años de edad o tiene una afección médica. Cuando encuentre el mejor método que puede usar con su plan para dejar de fumar, tendrá el doble o el triple de posibilidades de dejar de fumar con la ayuda de estos excelentes sustitutos de la nicotina. Aunque las probabilidades de dejar de fumar son mejores con los sustitutos de la nicotina, usted necesitará saber cómo prevenir la recaída, lo cual discutiremos en el próximo capítulo.

EL TABAQUISMO Y LA HIPNOSIS

Ciertamente se está preguntando: ¿cómo funciona la hipnosis para ayudarme a dejar de fumar? Hay muchos métodos diferentes de hipnosis disponibles desde sesiones en una oficina hasta CD's y DVD's. Cualquiera que sea el método que elija depende estrictamente de usted. Si este método funcionará para usted no es seguro porque todas las personas son diferentes y es posible que tenga que probar muchos métodos diferentes o una combinación de algunas cosas hasta que encuentre algo que funcione.

La primera pregunta que la mayoría de la gente tendrá es ¿qué es exactamente la hipnosis? El comportamiento habitual es el resultado del subconsciente más que de la mente consciente y a través de la hipnosis se puede afectar la mente subconsciente ayudando a aliviar el hábito de fumar. Su mente puede concentrarse en no hacer algo que antes era una especie de respuesta automática. Este método puede no ser perfecto para aliviar los síntomas de abstinencia de fumar; sin embargo, la hipnosis se puede utilizar junto con la TRN y medicamentos para aliviar tanto el hábito como la abstinencia física.

CD DE HIPNOSIS

Algunas personas encuentran que los CD de hipnosis son una mejor opción que las sesiones en una oficina porque son una opción mucho más barata. Aunque el costo no debe ser la principal preocupación a la hora de decidir qué método de hipnosis utilizar, porque si la hipnosis le ayuda a dejar de fumar, seguramente ahorrará más dinero del que le cuestan las sesiones. Investigar qué oficinas de hipnosis están cerca de usted y qué hay disponible a través de los CD's es un buen primer paso. Después de que averigüe todas sus opciones, entonces es un buen momento para leer los comentarios del hipnotizador o del programa que está considerando para averiguar qué tan exitosas han sido las personas que han estado usando cualquiera de los dos métodos. Usted puede averiguar mucho acerca de la validez de un programa averiguando cómo funcionó con otros. También es posible que obtenga referencias de amigos y familiares sobre el hipnotizador que usaron para dejar de fumar y cuánto tiempo han permanecido como no fumadores.

Al iniciar un programa de hipnosis en CD, es posible que encuentre que va paso a paso a través de diferentes etapas en el restablecimiento de su mente subconsciente para trabajar en ayudarlo a dejar de fumar para siempre. Los programas que se ofrecen para dejar de fumar a través de la hipnosis suelen comenzar explicando cómo funciona la hipnosis para ayudarle a dejar de fumar. También puede haber un conjunto de modificaciones a su comportamiento previo que puede usar además de la hipnosis. Cuando las sesiones reales comienzan, ya sea en CD o en una oficina, usted aprenderá a tener confianza y a mantenerse motivado para dejar de fumar y no volver a fumar nunca más, o incluso a querer hacerlo. También habrá partes que tratarán de remover los diversos anclajes que lo mantienen enganchado al fumar y le dan asociaciones mentales de ser un no fumador. También habrá sesiones en las que aprenderá a lidiar con sentimientos y situaciones difíciles sin fumar.

TERAPIA DE AVERSIÓN

Algunas sesiones de hipnosis también incluyen, además de los reemplazos positivos, una especie de terapia de aversión que tiene un fuerte enfoque en las cosas negativas que le sucederán si no deja de fumar. Esto está diseñado para hacer que usted tenga una aversión incluso a la idea de fumar. Este paso en el proceso de dejar de fumar a través de la hipnosis es una buena idea para las personas que realmente necesitan despertar a la dura realidad de lo que está sucediendo actualmente, así como lo que sucederá si no lo dejan ahora mismo.

La hipnosis no es la mejor opción para todos, pero algunos la encuentran muy útil para ayudar a dejar de fumar. Las sesiones de hipnosis se pueden usar junto con parches, encías e inhaladores para ayudarle a dejar de fumar y a lidiar con la peor parte de los síntomas de abstinencia. También puede ser útil usar sugerencias hipnóticas para ignorar los efectos secundarios menores que a veces se experimentan al usar la terapia de reemplazo de nicotina, por lo que debe mencionárselos a su hipnotizador. Algunos efectos secundarios con los que usted puede querer ayuda incluyen dolores de cabeza, náuseas, vómitos e irritación de la garganta, por nombrar sólo algunos. Siempre es mejor hablar con su médico acerca de qué método de NRT usar en conjunto con sus sesiones de hipnosis, si las hubiera.

TASA DE ÉXITO DE LA HIPNOSIS

La hipnosis es una herramienta muy popular utilizada para tratar de dejar de fumar. Sin embargo, usted necesita saber algunas cosas antes de entrar en un programa. La mayoría de la hipnosis, que es de al menos cuatro sesiones, muestra una tasa de éxito del 66 por ciento, que es bastante alta en comparación con todos los demás métodos utilizados para ayudar a dejar de fumar. Usted debe mantenerse alejado de cualquier persona que afirme curarlo con una tasa de éxito del 99-100 por ciento, porque estos no son los hechos y lo más probable es que estén tratando de llegar a su billetera. También parece que, si usted quiere disfrutar de esta tasa de éxito del 66 por ciento con la terapia de hipnosis, entonces usted necesita tomar al menos cuatro sesiones. Hay muchos programas disponibles que prometen el éxito en una sesión de una hora, o sólo una sesión, pero estos no van a ser tan exitosos como las cuatro sesiones establecidas.

Como se dijo anteriormente, hay cuatro sesiones en una sesión de hipnosis estándar que abordan muchos factores de por qué las personas no pueden dejar de fumar y por qué no suelen adherirse si lo hacen. La primera de estas sesiones es motivar al individuo y darle la confianza para que supere el proceso de dejar de fumar. La segunda sesión que usted tendrá es para superar las conexiones con los cigarrillos que usó en el pasado. La tercera sesión que usted tomará se trata de crear nuevas conexiones que sean más saludables para su mente y cuerpo. Por último, la tercera sesión se centrará en la prevención de una recaída antes de que se produzca. Usted también encontrará a veces que además del paquete estándar de cuatro sesiones con el programa para dejar de fumar, usted puede complementarlo con muchos otros programas específicos para tratar otros problemas que pueda estar experimentando. La experiencia de dejar de fumar es diferente para cada persona, por lo que estos programas suelen estar disponibles en caso de que necesite uno específico.

MODIFICACIÓN DEL COMPORTAMIENTO

Algunas de estas otras sesiones de hipnosis disponibles incluyen cómo manejar sus sentimientos sin la muleta de fumar cigarrillos, sesiones de control de peso, que es un problema importante para algunas personas que dejan de fumar, la asertividad en la vida o tener mejores habilidades de la gente, el aumento de la concentración que definitivamente puede ser un problema al dejar de fumar.

El costo de las sesiones de oficina y de los CD puede variar enormemente de 200-400$ por sesión en una oficina a 150-300$ por todo un programa de CD, pero siempre recuerde cuánto dinero ahorrará a largo plazo una vez que haya dejado el hábito para siempre. Cuando vaya a una oficina o investigue un CD, asegúrese de preguntar exactamente qué cubrirán las sesiones y cómo está diseñado para ayudarle a dejar de fumar y permanecer así para siempre, y exactamente qué costo esperará pagar por todo el conjunto de sesiones. Si es posible, pida referencias de personas que han usado el programa con éxito y cualquier consejo que puedan tener sobre cómo hacer que funcione mejor para usted.

MEDICACIÓN

Además de las diversas terapias de reemplazo de nicotina disponibles con receta, también puede obtener muchos medicamentos diferentes que le ayudarán a superar el proceso de dejar de fumar. Algunos de estos medicamentos incluyen Zyban y

Chantix. Siempre es mejor investigar los medicamentos que usted podría estar considerando y también tener **una larga conversación con su médico antes de decidir cuál de los medicamentos disponibles será de mayor ayuda para usted cuando deje de fumar**. No se automedique sin hablar antes con su médico.Con paciencia y un poco de ayuda de los medicamentos y las terapias, usted tendrá una mejor oportunidad de dejar de fumar y permanecer así para siempre.

ZYBAN

Zyban es una píldora recetada por su médico para ayudar a dejar de fumar. Esta píldora no contiene nicotina, lo cual puede ser una ventaja para algunos fumadores que intentan dejar de fumar. Se descubrió que el medicamento de la píldora Zyban, aunque se usa para tratar la depresión, funciona para disminuir en gran medida el deseo de fumar. Después de muchas pruebas, el medicamento fue aprobado para ayudar a las personas a dejar de fumar. Zyban es un medicamento antidepresivo de liberación muy lenta que se toma su tiempo para pasar por su sistema ayudando a disminuir la gravedad de sus síntomas de abstinencia.

Algunas de las ventajas de Zyban sobre los sustitutos de la nicotina son que el medicamento no contiene nicotina que dejará de añadir más a su torrente sanguíneo. Con todos los sustitutos de la nicotina usted debe dejar de fumar antes de comenzar el tratamiento, con la píldora Zyban este no es el caso. Las personas que todavía fuman mientras intentan usar un sustituto de la nicotina tienen la oportunidad de sobredosis de nicotina y de enfermarse mucho, Zyban no tiene ninguno de esos riesgos. Cuando usted va a comenzar Zyban usted puede hacerlo antes de que usted deje de fumar hasta la fecha establecida para dejar de fumar y por un tiempo designado después de dejar de fumar para ayudar a disminuir la necesidad de cigarrillos.

En algunos casos, cuando los pacientes son muy adictos al tabaco, los médicos recomendarán una combinación de Zyban y sustitutos de la nicotina como la goma de mascar o las pastillas. Sea honesto con su médico sobre la gravedad de su adicción al tabaco para que le recete la mejor solución para ayudarle a dejar de fumar. Por lo tanto, el Zyban tiene una ventaja porque se puede utilizar solo o en combinación con sustitutos de la nicotina.

EFECTOS SECUNDARIOS

Hay algunos efectos secundarios menores que se deben tener en cuenta al tomar Zyban que incluyen resequedad en la boca, problemas para dormir, náuseas, vómitos, por lo que es mejor que hable de ellos con su médico antes de tomar la píldora. Otra cosa a tener en cuenta es que Zyban contiene los mismos ingredientes que un excavado llamado Wellbutrin, que se utiliza comúnmente para tratar la depresión, y Zyban nunca debe ser tomado junto con esta droga o la droga llamada Wellbutrin SR.

CHANTIX

Hay otra prescripción disponible llamada Chantix que se utiliza para ayudar a los fumadores a dejar de fumar. La píldora Chantix también es como Zyban, una píldora sin nicotina que utiliza otras formas de ayudarlo a dejar de fumar. Chantix a diferencia de Zyban no es un antidepresivo, pero se supone que le ayuda a dejar de fumar al apuntar a los mismos

receptores en su cerebro que la nicotina y evitar que
la nicotina los afecte.

BENEFICIOS

Desemejante de reemplazo de la nicotina si usted
recae o se desliza para arriba mientras que toma
Chantix usted puede continuar tomando las píldoras
y hacer otra tentativa de parar el fumar. Esto es
posible porque la píldora no contiene nicotina, por lo
que no causará daño adicional al fumar mientras la
toma.

EFECTOS SECUNDARIOS

Como con la mayoría de las píldoras hay una
ocasión de efectos secundarios incluyendo náusea,
vómitos, y apuro el dormir, que usted debe discutir
definitivamente con su doctor antes de comenzar la
medicina Chantix.

La medicina puede ser una ayuda muy importante
para los fumadores que están tratando de dejar de
fumar y se utiliza fácilmente junto con programas

para dejar de fumar, la hipnosis y una serie de otras ayudas. Asegúrese de discutir sus objetivos con su médico antes de decidir con ellos cuáles de los medicamentos para dejar de fumar, si los hay, son los adecuados para que usted cumpla con sus objetivos.

5 PREVENCIÓN DE RECAÍDAS

La mayoría de las personas que tienen una recaída la tienen dentro de los primeros tres meses de haber dejado de fumar. Aunque esto puede hacer que usted quiera darse por vencido y pensar que es un fracaso, no se desanime por la pequeña recaída. Recuerde que la mayoría de las veces las personas que dejan de fumar tienen que intentarlo varias veces antes de dejar de fumar para siempre. Aunque es difícil de parar, hay algunas situaciones que lo hacen mucho más difícil. Algunas cosas que hacen más fácil la recaída incluyen otros fumadores, beber alcohol, cambios de humor o depresión y aumento de peso. Sin embargo, si tiene una recaída, asegúrese de aprender de sus errores. Pregúntese qué funcionó la última vez y qué no funcionó. También, ¿cuál fue el factor principal que te hizo caer en la tentación?

LA COMPAÑÍA QUE TIENES

Estar cerca de otras personas que fuman es una de las peores cosas que usted puede hacer si está tratando de dejar de fumar. El olor y el humo de segunda mano pueden hacer que sus antojos se vuelvan más severos y el hábito es lo suficientemente difícil como para patear sin tener que evitar constantemente las tentaciones. Tener amigos, familiares o compañeros de trabajo que fuman a su alrededor será una de las situaciones más difíciles de tratar, pero es importante que se mantenga alejado de estas personas mientras fuman, durante el tiempo en que usted está tratando de dejar de fumar. Pídale a la gente que no fume en su casa o en su vehículo, y asegúrese de eliminar el olor a humo de estos lugares antes de que usted también deje de fumar. Puede ser molesto para sus amigos que fuman tener que hacerlo afuera, pero su salud y bienestar bien valen la pena el sacrificio. Nunca se sabe, puedes inspirar a tus amigos y familiares para que traten de dejar de fumar contigo como apoyo, lo cual los beneficiará a todos.

BEBER Y FUMAR EN SOCIEDAD

Beber alcohol es otro factor que hace que un fumador que ha dejado de fumar tenga una recaída. Aunque el hecho de si usted debe evitar el alcohol por completo al tratar de dejar de fumar difiere con respecto a la cantidad y forma en que usted bebía alcohol antes de dejar de fumar. Si nunca bebes, por supuesto que no tienes que preocuparte. Sin embargo, si usted era un bebedor social, hay precauciones que debe tomar para prevenir una recaída. La mayoría de los bebedores sociales fuman un cigarrillo con su bebida, así que puede ser difícil salir a tomar una copa sin recaer y fumar. Aunque tires todos tus cigarrillos, seguramente habrá alguien que te ofrezca un cigarrillo con tu martini. Cada vez que salga a tomar una copa después de haber dejado de fumar, asegúrese de recordar que es un adicto en recuperación y que necesita abstenerse de fumar. Incluso el humo de segunda mano puede causar una recaída. Algunas personas encuentran que es mejor evitar beber en absoluto mientras dejan de fumar y muy rara vez beber después de dejar de fumar, a menos que un buen amigo esté con usted para ayudar a apoyarla y motivarla a no fumar.

EL FACTOR ESTRÉS

Algunas personas usan el tabaco para regular su estado de ánimo y mantenerlos normales. Este es un gran problema cuando se intenta dejar de fumar para siempre y evitar una recaída. Muchas cosas, desde los medicamentos hasta la respiración profunda, pueden ayudar a elevar su estado de ánimo y evitar que necesite cigarrillos para mantenerse alejado de los cambios de humor y la depresión. Si usted tiene dificultades con la depresión, siga haciendo lo que su médico le sugiere y dígales que pronto dejará de fumar. Vea si tienen alguna sugerencia de cosas que hacer para evitar que los problemas del estado de ánimo empeoren debido a la abstinencia de nicotina. También es bueno pedirle a sus amigos y familiares que no le causen un estrés excesivo durante las primeras dos semanas después de dejar de fumar, que es cuando tiene más probabilidades de tener una recaída.

AUMENTO DE PESO Y DEJAR DE FUMAR

Cuando usted gana un poco de peso por dejar de fumar, puede estar tentado a empezar de nuevo a perderlo, pero hay muchas maneras de perder el peso además de fumar. También es una mala idea tratar de perder peso mientras se está en medio de dejar de fumar. Haga todo lo posible para preocuparse por perder peso después de que tenga un buen manejo para dejar de fumar. No hacer dieta es una buena manera de mantener su enfoque estrictamente en dejar de fumar.

Cuando usted está tratando de dejar de fumar, lo mejor es que no le quite ni una fumada a un cigarrillo. Incluso dando una bocanada inevitablemente le llevará a otra y a otra hasta que esté de vuelta en una cajetilla al día. Piense en cuáles serán algunos de los momentos más difíciles para usted después de dejar de fumar, y haga un plan sólido sobre cómo manejarlos. Siempre es mejor reconocer las situaciones que pueden causarle un resbalón y una recaída, y evitarlas por completo o tener un plan de acción listo cuando se enfrente a las situaciones. Algunas de estas veces incluyen fiestas, trabajo y en un bar. Estos tiempos y lugares difieren para todos, así que hable con las personas que están allí para apoyarle sobre lo que es mejor para usted.

CAERSE DEL VAGÓN

Ahora usted sabe cómo prevenir la recaída, pero, ¿qué pasa cuando usted recae como muchas personas lo hacen varias veces antes de dejar de fumar para siempre? Bueno, hay muchas maneras de recuperarse una vez que tienes una recaída, en primer lugar, no te castigues por ello. Todo el mundo comete errores, es la forma en que tratamos los errores la que decide si podemos volver a levantarnos. Muchas de las personas que se equivocan y fuman todavía terminan dejando de fumar para siempre, sólo se necesita un buen plan de acción y aprender de sus errores. Es mejor tratar un deslizamiento como un incendio u otro tipo de emergencia y ¡deténgase inmediatamente! Luego, inmediatamente empiece a pensar dónde estaba, con quién estaba, y exactamente qué estaba haciendo cuando tuvo un error, para que pueda planear qué hacer la próxima vez que se enfrente a esta misma situación.

Ahora está preparado para esta situación la próxima vez que suceda y está listo para dejar de fumar de nuevo y, con suerte, esta vez para siempre. Aunque recuerde que si se equivoca, no es el fin del mundo. Simplemente evalúe la situación que lo causó y haga un plan antes de volver a dejar de fumar.

7 LA IMPORTANCIA DE UN SISTEMA DE APOYO

¿A quién tiene disponible para ayudarle en los momentos realmente difíciles? La clave más importante para el éxito es un sistema de apoyo realmente sólido de amigos, familiares e incluso su proveedor de atención médica, que pueden ser muy importantes para su éxito o fracaso.

La mayoría de las personas que han dejado de fumar exitosamente dicen que una de las partes más importantes de su plan para dejar de fumar es tener un gran sistema de apoyo de familiares y amigos. Hay muchos lugares para buscar ayuda, por ejemplo, de compañeros de trabajo, miembros de un grupo establecido o incluso de su médico.

AMIGOS Y FAMILIA

Si usted elige usar el apoyo de amigos y familiares, es muy importante que sepan que nunca está bien tomar ni siquiera una bocanada, por lo que deben estar ahí para usted cuando los antojos se vuelven severos. Si sus amigos fuman, asegúrese de que no fumen cerca de usted mientras intenta dejar de fumar, ya que ésta es una de las formas más comunes en que la gente vuelve a ser adicta. Si esta es la única manera en que pueden ayudarle, valdrá la pena el esfuerzo. Haga un plan para limpiar toda su casa antes de dejar de fumar, incluyendo el lavado de toda su ropa, sábanas y cortinas. Usted debe lavar y limpiar cualquier cosa que pueda oler a humo o cigarrillos, cuando no los huele le ayudará a mantener su mente alejada del hábito y de los antojos que seguramente tendrá cuando trate de dejar de fumar.

UN PATROCINADOR

Cuando sus síntomas de abstinencia o antojos se agravan mucho, llame a uno de los miembros de su sistema de apoyo y simplemente hable de ello o salga y haga algo para despejar su mente de los problemas. Es una buena idea salir al parque o caminar por el centro comercial, porque esto no sólo le quitará el problema de la cabeza, sino que le ayudará a no aumentar de peso mientras deja de fumar. El aumento de peso es una de las razones más comunes para no dejar de fumar. Algunas personas ven el fumar de nuevo como la única solución para perder las libras de más. Aunque es mejor no tratar de hacer dieta hasta que haya dejado de fumar con éxito, trate de beber mucha agua y mantenerse activo.

Cuando esté en el trabajo y tenga un descanso para fumar, trate de mantenerse alejado de los fumadores de afuera y quédese adentro y lea una revista que le guste o incluso obtenga una delicia sabrosa para que pueda estar haciendo algo y mantener su mente alejada de salir a fumar. Si todos sus compañeros de trabajo saben que usted está tratando de dejar de fumar, pueden brindarle un apoyo adicional al no fumar frente a usted y al evitar que usted inhale en un momento de debilidad, así que dígaselo a todos.

GRUPOS DE APOYO

Si desea utilizar un grupo de apoyo establecido para las personas que tratan de dejar de fumar, entonces hay muchas cosas que debe buscar en uno antes de decidir. En primer lugar, asegúrese de que el líder del grupo tenga la formación adecuada en el área de dejar de fumar. Luego, debe asegurarse de que el grupo tenga consejería individual disponible, ya que éste es un elemento crucial en el sistema de apoyo. La intensidad del programa también es un factor decisivo para que tenga éxito o no. Es mejor buscar un programa que incluya cosas tales como sesiones de al menos 20 a 30 minutos cada una. También debe durar al menos 2 semanas en 4 a 7 sesiones.

En algunos lugares hay un programa llamado Smoke Enders o Nicotine Anonymous, que se reúne regularmente. Si este programa está disponible en su área, por lo general no hay una cuota para ir, y usted también tendrá un patrocinador para consultar cuando tenga la tentación de recaer. Estos programas pueden ser muy útiles cuando se trata de dejar de fumar para siempre.

En conclusión, dejar de fumar es un esfuerzo que va a requerir hasta la última gota de fuerza de voluntad y dedicación que usted puede reunir. Si usted planea tener éxito en dejar de fumar para siempre, necesitará hacer un gran esfuerzo preliminar, como crear un plan para lidiar con los síntomas de abstinencia, establecer un grupo de apoyo e incluso cambiar muchos de sus otros hábitos diarios que probablemente lo llevarán de regreso a un estado de ánimo de fumador. También necesitará la fortaleza física y mental para superar el terrible dolor y la miseria de los síntomas de abstinencia; algo que es mucho más difícil de lo que la mayoría de la gente supone que será. En otras palabras, no va a ser fácil. Dejar de fumar para siempre podría ser la cosa más difícil que has hecho en tu vida.

Sin embargo, usted puede descansar tranquilo con la seguridad de que definitivamente estará haciendo lo correcto. De alguna manera, el simple hecho de saber lo que estás ganando a largo plazo puede hacer que sea un poco más fácil rechazar ese cigarrillo ofrecido o sufrir durante la pausa del almuerzo sin tener que tomar un puf.

BENEFICIOS PARA LA SALUD

Obtendrá una salud abundante y radiante. Reducirá su riesgo de enfermedades cardíacas y cánceres devastadores. Vivirá más tiempo y ayudará a sus amigos y seres queridos a vivir más tiempo también, cuando dejes de envenenarlos con humo de segunda mano. Ahorrará dinero y tiempo y descubrirá que tiene mucha más energía que puede dedicar a nuevos hábitos más saludables. Los beneficios de dejar de fumar son casi ilimitados. Al tenerlos en mente, usted definitivamente tendrá un momento mucho más fácil cuando decida finalmente dejar de fumar para siempre.

¡OBTÉNGA AYUDA!

Lo más importante, sin embargo, es que nunca debe intentar dejar de fumar por su cuenta. La gran mayoría de las personas simplemente no son lo suficientemente fuertes. ¡Esto no es nada de lo que avergonzarse! Una vez que haya admitido su debilidad, necesitará un grupo de apoyo sólido de amigos y seres queridos a los que recurrir en sus momentos de necesidad y desesperación. Al asegurarse de que usted tiene una red de seguridad de este tipo establecida con anticipación, usted puede evitar deslices y recaídas devastadoras. En un sentido muy real, los primeros pasos para dejar de fumar para siempre son darse cuenta de que usted tiene un problema y que no puede resolverlo solo.

Con suerte, los consejos y tácticas en este libro han sido de ayuda para usted. Mientras que las estadísticas y el pronóstico médico para los fumadores pueden parecer un tanto horripilantes, sólo conociendo la verdad podrá encontrar la fuerza para alejarse de este hábito destructivo de una vez por todas. Los consejos específicos sobre los sustitutos, los medicamentos e incluso la hipnosis deben demostrar que el mundo de opciones disponibles para aquellos que han decidido dejar de fumar es realmente vasto. Cuando decida dejar de fumar, no estará solo, y siempre sabrá que hay literalmente docenas de caminos que puede tomar para encontrar el éxito.

¡TOME LA DECISIÓN!

Lo que todos ellos tienen en común, sin embargo, es que todos ellos requieren que usted los ponga en marcha. Haga el compromiso hoy, y pronto encontrará una persona mejor para ello. Inicie el camino de la recuperación con una firme y dedicada convicción, y haga buen uso de las técnicas descritas en este libro. Estamos seguros de que se alegrará de haberlo hecho.

7 CONSEJOS PARA CONTROLAR SU IMPULSO DE FUMAR

Tratar de dejar de fumar es un proceso muy largo. Esto puede tomar un período de tiempo muy largo, como varios años, o puede ser algo mucho más corto, como unas pocas semanas o meses. El tiempo exacto que se tarda en dejar de fumar puede variar mucho, pero lo que es importante es asegurarse de que se le ocurra un plan para combatir sus impulsos de fumar. En algún momento de su experiencia tratando de dejar de fumar se encontrará con una situación en la que el impulso de fumar es muy fuerte. La forma en que maneje esta situación le ayudará a alcanzar el éxito final. Estar preparado para el impulso de fumar asegurará que usted tenga un plan para mantener su fuerza de voluntad fuerte y continuar en su camino para dejar de fumar con éxito.

Consejo 1. Tómese el tiempo para decidir exactamente cuando usted típicamente fuma. Por ejemplo, después de las comidas, después de trotar alrededor de la cuadra, o incluso después de ducharse cada mañana. Saber cuándo usted típicamente fuma lo pondrá en una buena posición para crear un plan para combatir el impulso.

Consejo 2. Cree un plan de ataque. Esto podría ser algo tan simple como una bola de estrés para sus manos, o incluso un trozo de caramelo duro para mantener su boca ocupada. Si realmente disfruta el sabor y la sensación de una boca limpia, puede intentar cepillarse los dientes cada vez que quieras fumar, o chupar un caramelo con sabor a menta, que refrescará su aliento.

Consejo 3. Evite las tentaciones que acechan. Si sale a comer, asegúrese de estar sentado en el área de no fumar. Evite ir a las tiendas de tabaco, y también trate de limitar la cantidad de tiempo que pasa cerca de otros fumadores. Si usted está continuamente alrededor de los cigarrillos, será mucho más difícil resistir la tentación.

Consejo 4. Limpie su casa de todos los instrumentos de fumar. Esto significa que todos los ceniceros, encendedores, fósforos y deshacerse del olor de los cigarrillos. Los productos como Febreeze son excelentes para ayudar a eliminar el olor del cigarrillo, que también puede desencadenar el impulso de fumar.

Consejo 5. Si usted tiene un lugar donde típicamente fuma cuando está en casa, piense en reordenar el área. Si eres capaz de romper la rutina de la situación, serás capaz de resistir mucho mejor la tentación. Esto funciona mejor si usted siempre tiene el hábito de fumar en el mismo lugar, como una sala de estar mirando por la ventana. Si mueve la silla a un área diferente de la habitación, o vuelve a enfocar el centro de la habitación, puede ayudar a evitar la tentación de fumar siempre que esté sentado en la silla mirando por la ventana.

Consejo 6. Escriba su meta para dejar de fumar. Esto puede parecer un detalle menor, pero en realidad, puede ayudar mucho a asegurar que usted mantenga su prioridad de dejar de fumar en lo más alto de su agenda. Si se dice a usted mismo que quiere dejar de fumar, es más probable que haga trampa y, en última instancia, se desanime a volver a encender la luz. Si usted ha escrito su meta, es más probable que realmente la siga. Esto se aplica para dejar de fumar, perder peso, cambiar su rutina de ejercicios o cualquier otra cosa. Las metas escritas pueden mejorar significativamente la rendición de cuentas.

Consejo 7. No se descuide a si mismo. Si usted está absolutamente seguro de que puede tener éxito, será mucho más capaz del éxito que necesita. Es importante creer que usted puede tener éxito. Esto le ayudará a mantenerse fuerte en cualquier momento en que se presente un impulso serio. Si usted decide cometer un error conscientemente, se dará cuenta de que es mucho más difícil recuperar cualquier holgura que haya cortado para sí mismo. Sin embargo, si usted se aferra a su dedicación para dejar de fumar, se dará cuenta de que cada vez que tenga ganas de fumar es más fácil de manejar.

3 DE LAS PRINCIPALES LUCHAS PARA DEJAR DE FUMAR

La mayoría de la gente puede estar de acuerdo en que la idea de dejar de fumar es bastante aterradora. Renunciar a la comodidad que el fumar puede proporcionar no es fácil, ni se puede hacer al instante. Luchar para dejar de fumar requiere muchas conversaciones honestas, no sólo contigo mismo sino también con tu familia. Hay tres luchas principales que usted encontrará mientras trabaja para dejar de fumar. Ser plenamente consciente de estas luchas le ayudará a crear un plan para dejar de fumar para siempre que puede ayudarle a superar estas dificultades y emerger con mejor salud como no fumador.

La lucha número uno va a encontrarle mirando la tentación a los ojos. Simplemente no hay otra manera de decirlo. Dondequiera que mire, cigarrillos y más cigarrillos. El número de personas que fuman es asombroso, y cuando usted está tratando de dejar de fumar parece que el número se está cuadruplicando a su alrededor. Si bien no es nada más que su mente jugando trucos en usted, todavía puede ser bastante difícil pasar por alto toda la tentación y seguir con su plan para dejar de fumar.

Cada vez que te encuentras abrumado por la tentación necesitas alejarte. Si usted está en su trabajo y no puede simplemente alejarse, necesita desarrollar una estrategia para aliviar el estrés en la que pueda apoyarse y que le ayude a ignorar los cigarrillos que ve. Para ayudarte a evitar la tentación, tienes que trabajar para encontrar un lugar donde puedas comer tu almuerzo lejos de los fumadores y de otras tentaciones. Siempre esté atento porque están por ahí, y si usted se equivoca, estarán allí para atraerlo de nuevo a fumar con bastante rapidez.

Su segunda lucha será todas las preguntas que se le hagan. Sus amigos y familiares, por supuesto, están contentos de que usted esté dejando de fumar. Sin embargo, todo el mundo te preguntará por qué. Esta simple pregunta comienza a parecer un gran problema después de la tercera vez que se le pregunta por qué. En lugar de permitir que esta pequeña pregunta comience a comer a su resolución, usted necesita asegurarse de que está dedicado a dejar de fumar. Si usted comienza a adivinar su razón para dejar de fumar cada vez que alguien le pregunta por qué lo está haciendo, entonces realmente necesita sentarse y tener una larga conversación consigo mismo. A menos que usted esté personalmente 100% detrás de sus esfuerzos, no tendrá éxito. Usted tiene que creer en la razón por la que está dejando de fumar.

Tu familia estará ahí para ti sin importar la razón que elijas. Es usted mismo quien tiene que convencer, y esto significa que necesita un buen argumento y una buena razón. Nadie discutirá nunca con usted tanto como usted lo hará con usted mismo. Cuando usted está intentando algo como dejar de fumar, el lado persistente de sí mismo también sale fuerte.

Una consideración final es mirar todos los productos en el mercado para ayudarle a dejar de fumar. Esto puede parecer extraño, pero esta gran selección puede ser un gran problema. Usted necesita determinar por qué fuma para seleccionar el mejor producto para su deseo de dejar de fumar. Si usted es fumador debido al estrés, necesita resolver el estrés. Si usted fuma debido a la adicción a la nicotina, entonces debe considerar la posibilidad de eliminar lentamente la nicotina usando ya sea un parche o posiblemente el chicle.

Independientemente de la razón por la que fuma, hay un producto que está diseñado para ayudarle. Encontrar el mejor producto para sus necesidades específicas no es imposible, pero le obligará a ser brutalmente honesto consigo mismo. Si usted es completamente incapaz de encontrar la razón exacta por la que fuma, trate de comenzar a encontrar algo más que ver con sus manos y su boca cada vez que tenga ganas de fumar. Por ejemplo, una bola de estrés y un chicle podrían ser todo lo que necesita. Si usted está fumando porque está aburrido, dándose algo que hacer, incluso apretando una bola de estrés podría ser la liberación que necesita para alejarse de un no fumador exitoso.

ROMPER EL HÁBITO DE FUMAR

Trabajar para dejar de fumar es una de las cosas más difíciles que muchas personas hacen en su vida. Las razones por las que es tan difícil suelen variar. La única razón que se cita con más frecuencia es que el hábito de fumar en sí mismo es extremadamente difícil de romper. La tarea entonces se convierte en tratar de romper el hábito, y en su lugar darse un hábito mucho más saludable al que aferrarse. Después de todo, le tomó un tiempo para adquirir el hábito de fumar, así que la razón está de pie que le tomará un tiempo para romper el hábito.

Si está decidido a dejar de fumar, ha tenido un comienzo impresionante. Sin embargo, si usted ha decidido dejar de fumar por su cuenta, lo está haciendo aún mejor. Suena extraño, ¿verdad? Le sorprendería saber cuántas personas "deciden" dejar de fumar cuando el médico, el cónyuge, los padres, los hermanos o los amigos les informan de que van a dejar de fumar. Con el fin de dejar de fumar con éxito para siempre, usted necesita decidir por sí mismo a dejar de fumar. Si realmente has tomado esta decisión por tu cuenta, estás haciendo un trabajo increíble. Si usted está dejando que alguien lo empuje a dejar de fumar, usted está preparándose para dolores de cabeza, molestias y complicaciones que se evitan fácilmente.

Como fumador, usted sin duda ha desarrollado un patrón para su hábito de fumar. Por ejemplo, si usted es un fumador típico de una cajetilla al día, uno de sus hábitos es fumar una cajetilla al día. Usted necesita dar pequeños pasos para romper estos hábitos. Tal vez usted encontrará la mejor suerte simplemente cambiando sus hábitos lentamente. Por ejemplo, si usted típicamente fuma un cigarrillo después de cada comida, podría encontrar útil cepillarse los dientes. Esto puede tener el efecto de proporcionar una boca fresca que no desea ensuciar con el sabor del cigarrillo. Usted puede encontrar que después de cada comida usted necesita tratar de masticar un pedazo de chicle, chupar caramelos duros o incluso intentar chicles de nicotina.

Si hay circunstancias específicas que siempre desencadenan un antojo de cigarrillos, usted debe trabajar para evitar la situación. Si es algo que no puede evitar por completo, como las horas de la cena, debe crear un hábito alternativo con el que sustituir el hábito de fumar. Por ejemplo, si usted siempre fuma tan pronto como llega a su auto después del trabajo, podría considerar compartir el viaje con alguien que no fuma, tomar una ruta diferente a su casa, detenerse para ir de compras, tocar música o incluso tomar un autobús. Cualquier cosa que pueda hacer para cambiar su rutina normal de fumar es buena.

Habrá, por supuesto, momentos en los que será bastante difícil romper los hábitos. Si se encuentra en una posición en la que no puede evitar una situación típica de tabaquismo, necesita crear una manera de lidiar con ello. Algunas personas usan chicle de nicotina cuando se enfrentan a una situación de tabaquismo. Otros encuentran que los palillos para dejar de fumar son beneficiosos. Estos palos pueden permitirle sostener un cigarrillo de mentira que sólo le da a sus manos algo que hacer. Si los encuentras muy útiles entonces sabes que tu problema es que tus manos están ociosas, encontrar algo para que tus manos hagan podría ayudar mucho.

Tratar de dejar de fumar es un proceso muy difícil. Muchas personas tardan semanas, si no meses, en dejar de fumar por completo. Si usted está luchando demasiado con la idea de dejar de fumar completamente de una vez, puede que se dé cuenta de que es mucho mejor para su propia situación reducir lentamente su consumo de cigarrillos. Independientemente del método preciso que elija, puede tomar un mínimo de 2 semanas para empezar a adaptar nuevos hábitos. Esto significa que cualquier nuevo comportamiento que usted adopte en su búsqueda para dejar de fumar debe ser repetido continuamente durante al menos dos semanas antes de que usted comience a ver una diferencia real en su estilo de vida. Darse tiempo suficiente para trabajar en sus nuevos hábitos es esencial y lo pondrá en el camino hacia el éxito.

CÓMO DESARROLLAR SUS PLANES PARA DEJAR DE FUMAR

Usted está a punto de hacer un cambio completo en su vida, por lo que decide dejar de fumar. Mientras que la opción ha cruzado su mente antes, usted ahora tiene un deseo repentino de realmente dejar de fumar, y de hacerlo para siempre. Ya no quiere estar atrapado en los cigarrillos que le han mantenido como rehén durante tanto tiempo. Esto significa que es hora de empezar a mirar hacia el desarrollo de un plan de incendios seguro que le permitirá dejar de fumar con éxito y para siempre. Ya no quieren considerar la opción de que fracasarán; han decidido seguir adelante y ahora es el momento de actuar.

Usted va a necesitar hacer varias cosas, y eso incluye elegir una fecha real para dejar de fumar. Sin embargo, aquí está la trampa; esta fecha tiene que llegar. La gente cada año decide que como una resolución de Año Nuevo, que van a tratar de dejar de fumar, pero el 1 de enero viene y va y todavía están fumando. En lugar de encontrarse en esta posición, escoja un día para dejar de fumar y seguir con ello. Ese día, todos sus cigarrillos deben desaparecer, y usted debe estar preparado mentalmente para dejar de fumar para siempre.

También debe considerar la posibilidad de establecer un programa de recompensas para usted; utilice el dinero que está ahorrando al no comprar cigarrillos para financiarlo si es necesario. Un año de fumar puede costar fácilmente más de $1,800, así que usted tiene un presupuesto generoso con el que trabajar si está trabajando para obtener resultados permanentes. Sólo asegúrese de buscar cosas que realmente quiera ayudar a animarle. Si usted simplemente confía en las recompensas financieras, o simplemente en las recompensas físicas y de salud, es mucho más probable que fracase, combine varios tipos de recompensas para mantenerse realmente motivado.

Como usted está trabajando para dejar de fumar que necesita para aumentar la cantidad de ejercicio que está haciendo, también debe empezar a ver cómo está comiendo. Muchos fumadores descubren que a medida que dejan de fumar, comienzan a aumentar de peso. Esto a menudo puede ser un shock enorme, pero si usted está haciendo ejercicio y comiendo bien, puede minimizar el aumento de peso para asegurarse de que en vez de eso se está enfocando en dejar de fumar, en lugar de dividir su tiempo entre tratar de dejar de fumar y tratar de perder peso. Esté preparado para empacar una pequeña cantidad de peso, pero estos pequeños cambios le asegurarán que no está aumentando grandes cantidades.

Una consideración final que usted debe tener en cuenta es su salud general. Si usted está en malas condiciones físicas, debe discutir su plan para dejar de fumar con su médico. Aunque un médico no va a desalentarlo a dejar de fumar, puede que tenga algunos consejos e información útil que sea específica para su situación de salud. Esto también puede ser estupendo porque su médico podrá controlar su salud para asegurarse de que usted pueda hacer el mayor impacto en el menor tiempo posible.

Simplemente tratar de luchar para dejar de fumar por su cuenta no es necesario. Usando el consejo de su médico, así como trabajando con un plan bien desarrollado, usted encontrará que no es tan difícil como usted se imaginó. Usted está ciertamente en un camino largo y difícil, pero usted será capaz de encontrar el éxito en un extremo del camino, que le dejará en mejor salud, y también le ayudará a tomar orgullo de sí mismo para su logro.

CÓMO ASEGURAR EL ÉXITO DE SU PROGRAMA PARA DEJAR DE FUMAR

Usted ha decidido por alguna razón que ahora es el momento adecuado en su vida para dejar de fumar. Así que ahora te sientas y tratas de decidir exactamente cómo vas a empezar. Usted sabe que en el fondo usted está en un largo y duro camino, pero al mismo tiempo, usted realmente quiere dejar de fumar para siempre. La idea de dejar de fumar varias veces no es atractiva para usted, así que le queda la tarea de crear un plan de ataque que funcionará y funcionará bien. Es probable que encuentre esto mucho más difícil que cualquier otra cosa que haya intentado hacer en su vida, y por una buena razón.

El número de personas que no logran dejar de fumar cada año es asombroso. Mientras millones de personas intentan dejar de fumar, hay otras que están empezando a hacerlo. Dondequiera que mires, hay fumadores que te están tentando involuntariamente a volver a fumar, lo que hace que sea aún más difícil para ti mismo. Tratar de superar estos desafíos es muy importante, porque sin ser capaz de superar estos problemas usted será completamente incapaz de dejar de fumar para siempre.

Comenzar con un buen plan es esencial y esto comienza con decidir exactamente por qué quiere dejar de fumar. La razón realmente no importa, pero necesitas saber tu razón. Lo que importa es que usted también debe creer en su razón, si usted simplemente tira de la razón por la que alguien más ha dejado de fumar que no cree en su experiencia tratando de dejar de fumar será extremadamente difícil y lleno de problemas. Lo que usted necesitará hacer es pasar una gran cantidad de tiempo tratando de decidir honestamente por qué quiere dejar de fumar para tener una buena razón.

Una vez que su razón es seleccionada, el resto del proceso debería ser mucho más fácil de manejar. Lo que no siempre encuentra inmediatamente obvio es que tener una buena razón para dejar de fumar puede servir como un gran factor de motivación. Si usted está dejando de fumar para dejar de fumar, es más probable que resbale en sus metas, haga trampas y vuelva a caer en el hábito de fumar muy rápidamente. El resto de las tareas, tales como crear un horario, e incluso buscar la guía de apoyo de amigos y familiares, todo será una simple brisa.

Tendrá que trabajar duro para mantener tu compromiso. Esto significa tratar de evitar lugares y situaciones en las que se sienta tentado a fumar. Esto significa evitar las áreas de fumadores de los restaurantes y bares, no ir a las tabaquerías y, por supuesto, sacar los cigarrillos de su casa. Si usted puede encontrar a alguien que le ayude a dejar de fumar y que esté interesado en dejar de fumar por sí mismo, tendrá una gran ventaja. Aunque no todo el mundo lo hace muy bien con el sistema de compañeros, es una gran herramienta para usar porque se pueden hacer responsables unos a otros.

Este nivel de responsabilidad puede ser muy útil para asegurar que usted realmente está trabajando para dejar de fumar para siempre. Mucha gente trabaja para dejar de fumar y sólo terminan volviendo a empezar una vez que las cosas se ponen difíciles. Un amigo que también está tratando de dejar de fumar puede servir como una manera fabulosa de evitar la tentación, ya que ninguno de los dos querrá cometer un error primero. Use esto a su favor y vea cómo crece su éxito mientras su salud mejora y los cigarrillos se convierten en una cosa del pasado.

BENEFICIOS OCULTOS DE DEJAR DE FUMAR

Tratar de obtener los mayores beneficios que pueda de su objetivo de dejar de fumar no es una locura, más bien es una buena idea. Saber exactamente lo que le espera cuando intente dejar de fumar le ayudará a mantenerse animado, además puede ser un gran recordatorio de por qué se lanzó a la aventura de dejar de fumar cuando las cosas se ponen difíciles. Asegurarse de que usted es el mayor beneficio posible no es sólo una idea sabia, sino que también puede servir un gran beneficio de asegurar que usted aproveche al máximo la mejora en su estilo de vida.

Uno de los mayores beneficios viene en su salud. Usted puede disminuir su riesgo de cáncer de pulmón, enfermedad cardíaca, ataque cardíaco, accidente cerebrovascular e incluso presión arterial alta, por nombrar sólo algunos de los problemas de salud que experimentan los fumadores. Aunque el tiempo que toma disminuir los riesgos varía, usted debe comenzar a ver una mejoría en su salud muy rápidamente. Esto puede ser muy alentador, ya que podrá respirar mejor mientras entrena para mantenerse en buena salud física.

El dinero es otra razón fabulosa para dejar de fumar. Con el costo promedio de fumar hasta más de $1,800 al año por un solo paquete de hábito al día, usted está viendo un montón de dinero que se ha quemado. Guardar el dinero en su bolsillo puede hacer mucho por su presupuesto. Incluso podría significar la diferencia entre poder comprar ese increíble coche deportivo al que le has echado el ojo. Incluso podría decidir dejar el dinero en una cuenta de ahorros y obtener el máximo beneficio, independientemente de su elección, usted estará contento de retener el dinero, en lugar de quemarlo.

Otros beneficios pueden incluir el poder mantener su casa, auto y ropa oliendo mejor. Todo el mundo sabe que los cigarrillos tienen un mal olor, y los que no fuman pueden realmente percibirlo. A medida que su deseo de fumar desaparece, su deseo de oler bien aumentará. Esto puede llevar a una limpieza completa de arriba a abajo que lo pondrá de buen humor. Si deja de fumar en primavera, podría considerarla como tu campaña anual de limpieza de primavera. Definitivamente le encantará el aumento del sentido del olfato, sin embargo, después de todas esas hermosas flores en el patio ahora tendrá una razón para existir más allá de simplemente lucir bonita.

El beneficio final que usted experimentará es que su vida útil esperada aumentará. ¿Qué es mejor que encontrar la fuente de la juventud? Con sólo dejar de fumar, usted puede aumentar significativamente la cantidad de tiempo que se espera que viva. Esto, combinado con los beneficios para la salud que ofrece dejar de fumar, podría encontrar que está considerando añadir hasta 10 años a su vida. Esto es algo que es absolutamente enorme, y sólo por dejar de fumar también. La mayoría de los que descubren cuánto pueden añadir a su vida están absolutamente sorprendidos, pero cuidarse y dejar de fumar para siempre es un gran beneficio que sin duda apreciará cuando sea mayor y disfrute de esos años adicionales. No tenga miedo de vivir su vida al máximo, después de dejar de fumar tendrá mucha energía para un montón de grandes actividades nuevas que puede disfrutar durante años.

¿CUÁNTOS INTENTOS NECESITA PARA DEJAR DE FUMAR PARA SIEMPRE?

Aunque la mayoría de las personas están decididas a saber exactamente cuántas veces se necesita para dejar de fumar realmente. Es importante tener una idea clara del número de intentos que se van a realizar. Usted podría estar confundido en cuanto a lo que esta información puede hacer por usted. De hecho, sirve para que usted se sienta seguro al acercarse la fecha en que necesita dejar de fumar. Si usted tiene una idea de la cantidad de tiempo que le puede tomar dejar de fumar, evitará que se sienta como un fracaso en el caso de que le tome más de un intento. Esto es muy importante, porque la mayoría de las personas empiezan a sentir que no pueden dejar de fumar después de fracasar una sola vez.

La mayoría de las personas, con toda honestidad hacia sí mismas, suelen hacer al menos dos intentos para dejar de fumar con éxito. Aunque a la mayoría de las personas les encantaría dejar de fumar después de un solo intento, por lo general es necesario tener dos intentos como mínimo. Usted se preguntará exactamente por qué son necesarios dos intentos, pero la respuesta es realmente simple. La mayoría de las veces la primera vez que la gente empieza a tratar de dejar de fumar tiene una actitud que les dice que es muy simple. Esto tiende a encontrar a la mayoría de los consumidores completamente desprevenidos, especialmente porque no es tan fácil dejar de fumar como se podría imaginar.

Romper la adicción a la nicotina no es fácil, ni tampoco es algo que siempre se pueda hacer en un solo intento. Si usted es propenso a tratar de dejar de fumar por su cuenta sin ayuda, a menudo descubrirá que sus probabilidades de éxito son mucho menores. Casi siempre es necesario obtener algún tipo de ayuda cuando se trata de dejar de fumar para tener éxito. Esta es la razón principal por la que normalmente se necesita un mínimo de dos intentos para dejar de fumar. No importa cuántos intentos intente hacer, es mejor planear dejar de fumar para siempre.

Ser consciente de lo difícil que es realmente dejar de fumar es muy significativo. Si usted está consciente de los desafíos, estará en una posición mucho mejor porque tendrá la capacidad de crear un plan para ayudarle a dejar de fumar. Conocer los retos a los que se enfrenta también le permitirá crear un plan adecuado basado en la razón precisa por la que fuma. Por ejemplo, si usted tiende a fumar debido al estrés, debe estar consciente de las causas del estrés y buscar maneras de evitarlo.

Si usted tiene un plan creado para ayudarle a dejar de fumar antes de que comience su primer intento, es posible que descubra que es capaz de dejar de fumar después de un solo intento. No tener un plan incluso antes de intentar dejar de fumar aumentará las probabilidades de que se necesiten varios intentos para tener éxito. Crear un plan para ayudarle a dejar de fumar no es imposible, simplemente significa que usted necesita ser capaz de identificar los problemas que podría experimentar en su intento de dejar de fumar. Esto significa que si usted simplemente se sienta y crea un plan para ayudarlo a disuadir las tentaciones y también a evitar problemas potenciales, usted tendrá una tasa de éxito mucho mejor.

La mera decisión de dejar de fumar a su antojo suele dar lugar a una serie de problemas. Es muy importante que se tome su tiempo para crear su plan para que pueda dejar de fumar con éxito. Aprovechar estos pequeños detalles en el plan que usted crea puede ayudar mucho a asegurar que usted tenga éxito en última instancia. Sólo asegúrese de que todos los pequeños detalles de su plan estén bien organizados. Esto significa que usted realmente necesita mantener su confianza, sintiendo que si no tiene éxito puede dejarle creando muchos problemas. Evitar los problemas es muy importante para asegurarse de que pueda dejar de fumar con la menor cantidad de intentos posibles.

APRENDER LAS RAZONES POR LAS QUE MUCHAS PERSONAS FUMAN

Tratar de dejar de fumar no es fácil, aprender la razón exacta por la que realmente se fuma es a menudo crítico para el éxito del proyecto. Si usted descubre la razón exacta por la que está fumando, puede hacer que sea mucho más fácil determinar cómo encontrar el éxito que necesita para dejar de fumar para siempre. Simplemente tratar de dejar de fumar por razones que no se relacionan con su situación lo dejará perturbado y frustrado. Es probable que se sienta como si no fuera más que un fracaso, y su situación general no es probable que sea impresionante en absoluto. Sin embargo, si se toma el tiempo para descubrir por qué fuma específicamente, se sorprenderá de lo fácil que es dejar de fumar.

Muchas personas fuman por una amplia gama de razones. Pueden variar desde algo tan inocente como fumar cuando estás deprimido, estresado o cuando sólo quieres que te recoja rápidamente. La idea de que fumar un cigarrillo hará que tus proyectos desaparezcan es una idea inocente, pero en realidad, es completamente incorrecta.

Típicamente, lo que es realmente beneficioso es el hecho de que usted es capaz de tomar unos breves momentos de su vida para ver exactamente lo que está sucediendo. Un ejemplo es el de aquellos que trabajan en un trabajo estresante, esperando con ansias su próxima pausa para fumar, que a menudo va de la mano con el intento de romper con el estrés por unos breves momentos. Aprender a reducir el estrés en el trabajo puede ser muy útil para reducir el número de cigarrillos que usted necesita también.

Otras razones por las que muchas personas fuman se deben a que tienen la impresión de que no podrán fumar. Esto vuelve a la vieja idea de que nunca tienes hambre por la noche, excepto la noche anterior a una prueba médica en la que no se te permite comer después de las 8 p.m. De repente esa misma noche te estás muriendo de hambre y piensas que tu médico te está castigando mal por alguna razón. Lo mismo les pasa a los fumadores. Si usted va a alguna parte y piensa que no podrá fumar, el impulso de fumar puede ser mucho más fuerte. Esto a menudo no tiene nada que ver con el hecho de necesitar o incluso querer fumar. No es más que un juego mental que jugamos con nosotros mismos.

Muchos fumadores descubren que sólo están interesados en fumar si están aburridos. No tener nada que hacer lleva a manos ociosas, que pueden fácilmente crear problemas. Aprender a mantenerse ocupado no es fácil, pero tratar de evitar el aburrimiento a menudo puede llegar muy lejos en la batalla para dejar de fumar. Es importante que se tome el tiempo para crear un horario que pueda cumplir, sin dejar demasiado tiempo de inactividad. Si llenas tu horario con demasiado, crearás estrés, lo que podría causar que fumes aún más, si tienes demasiado tiempo libre podrías aburrirte, lo que también puede llevarte a fumar más. Un horario adecuadamente balanceado le asegurará que usted sea productivo sin estresarse.

Una consideración final que debe tener en cuenta es dormir lo suficiente. Muchas personas fuman porque necesitan que les recoja a mediodía. Encontrarte en esta posición no es bueno. Evite quedarse despierto hasta muy tarde siempre que sea posible. Incluso acostarse temprano una vez a la semana puede contribuir a reducir la escasez de sueño que está experimentando. Como las vidas están cada vez más ocupadas, es muy fácil olvidar lo importante que es el sueño. Esto puede crear una gran necesidad de hacer algo, casi cualquier cosa para mantenerse despierto. Evite fumar y asegúrese de que está obteniendo el descanso que realmente necesita. Este simple paso por sí solo puede ayudarle a reducir su consumo de tabaco a la mitad si se dedica a dormir lo que su cuerpo realmente necesita para sobrevivir.

ALIVIANDO EL ESTRÉS DE DEJAR DE FUMAR

Tratar de averiguar exactamente cómo reducir el estrés que acompaña a tratar de dejar de fumar nunca es fácil. Hay un montón de factores que pueden trabajar juntos para estresarle mucho y aprender cómo evitar estos problemas potenciales es absolutamente crítico para el éxito. A menos que sepa lo que está haciendo, va a encontrar que es muy difícil obtener los resultados que necesita, sin llegar a una posición aún peor. Aprender a aliviar el estrés es a menudo capaz de ir de la mano con la reducción del tabaquismo por sí solo, por lo que es natural que pueda complicar el intento de dejar de fumar.

Si realmente quiere dejar de fumar para siempre, tendrá que aprender a relajarse y a reducir el estrés. Dado que es poco probable que su vida exista dentro de una pequeña burbuja, usted necesita aprender a manejar el estrés. Esto puede significar actividades como yoga, meditación e incluso una agradable ducha o baño relajante. Si usted se encuentra estresado en el trabajo, un pequeño paseo por el edificio o incluso una relajante taza de té puede estar en orden. Hay que aprender a adaptarse al estrés, sin desmoronarse. Si usted simplemente trata de ignorar el estrés en su vida, le va a resultar mucho más difícil dejar de fumar; en última instancia, terminará fumando aún más que antes y dañando su salud mucho más.

Busque un pasatiempo que pueda hacer para liberarse del estrés de la familia y el trabajo. La mayoría de las personas pueden estar de acuerdo en que su trabajo causa estrés en algún momento. Tener un pasatiempo que le ayude a deshacerse de su vida de estrés, incluso por unos momentos a la vez, es muy útil. Esto le permitirá regresar a su trabajo con la mente clara y lista para empezar de nuevo. Si no tiene un pasatiempo, debe buscar uno. Sólo asegúrese de seleccionar algo que le guste y que sea relajante. Esto haría que fuera una mala idea buscar un pasatiempo que le recuerde mucho su trabajo u otras situaciones estresantes similares.

Busque siempre tiempo para relajarse solo. Todo el mundo necesita tiempo a solas, y cuando usted está tratando de dejar de fumar, es aún más importante. Necesitas estos breves momentos para ti mismo para poder desconectarte de tu vida. Estos breves momentos son muy útiles para todo su deseo de dejar de fumar. Si siempre estás rodeado de gente continuamente, verás que tus niveles de paciencia empiezan a disminuir sustancialmente. Esto puede hacer que sea mucho más fácil de romper, lo que a su vez aumenta su nivel de estrés. Incluso si tienes que quedarte despierto 10 minutos más, o levantarte 10 minutos antes, estos preciosos momentos para reunir tus pensamientos serán un tesoro.

El hecho de que muchas personas empiecen a fumar para ayudar a aliviar el estrés no es un secreto. Esto significa que para dejar de fumar para siempre tienes que encontrar un alivio del estrés o simplemente serás un yoyo entre cigarrillos durante un largo periodo de tiempo. Trabajar para conquistar el deseo de fumar no es fácil, implica mucho trabajo, y reducir el estrés en su vida es sin duda un buen punto de partida. Si usted no puede eliminar el estrés como la mayoría de las personas, su siguiente mejor opción es aprender a lidiar adecuadamente con el estrés, y estas sugerencias pueden ayudarle a sobrellevarlo sin tener que buscar cigarrillos.

CÓMO USAR A LOS NIÑOS PARA DEJAR DE FUMAR CON ÉXITO

Si usted ha intentado dejar de fumar, sin duda se dará cuenta de lo fácil que fue empezar a fumar en comparación con dejar de fumar. Tal vez la razón por la que usted está tratando de dejar de fumar es para dar un buen ejemplo a sus hijos. Esta es una de las razones por las que muchos padres se encuentran luchando para dejar de fumar. No quieren que sus hijos crezcan pensando que está bien fumar, y es necesario que dejen de fumar para poder dar un gran ejemplo. Si usted se encuentra en esta posición, hay varias cosas que puede hacer para ayudar a mejorar la situación.

Una idea que usted puede usar sería invitar a sus hijos a ver la lucha. Esto significa pedirle a su hijo que sea su ayuda y su fuerza cuando usted tenga la tentación de fumar. Simplemente hablar con ellos acerca de sus luchas para dejar de fumar puede ser una gran manera de mostrar lo difícil que es realmente, mientras que al mismo tiempo sacar sus problemas a la luz. Muchas veces hablar de problemas puede hacer que parezcan mucho más pequeños. Esta es una gran manera de ayudar a combatir los impulsos de los cigarrillos también, después de todo muchos padres que tienen relaciones abiertas y honestas con sus hijos son capaces de hablar sobre muchos temas. Aproveche esta oportunidad para hablar de cosas que son importantes, y aliente el apoyo adicional que usted recibe al mismo tiempo.

Si usted se está enfocando más en su hijo cuando tiene ganas de fumar, y menos en dónde se encuentra exactamente su paquete de cigarrillos, será más fácil reducir las ganas de fumar. Usted debe animar a su hijo a que le ayude a encontrar soluciones a sus impulsos. Por ejemplo, ir con usted a la tienda para elegir los caramelos adecuados para masticar cuando tenga ganas de fumar, o incluso ir con usted a la tienda para comprar la ayuda para dejar de fumar de su elección.

Permitiéndoles ser parte de sus decisiones puede ayudarles a ver las luchas exactas por las que usted está pasando. Si usted simplemente esconde sus problemas detrás de una puerta cerrada, sus hijos pueden crecer pensando que es realmente fácil fumar. Esto podría incluso llevarles a tener la tentación de fumar. Sin embargo, el hecho de que usted esté tratando de tener una relación abierta con su hijo no significa que realmente deba fumar a su alrededor. El daño que el humo de segunda mano puede causar debería ser suficiente para evitar que usted se ilumine a su alrededor; sin embargo, usted podría pedirle a su hijo que le ayude a mantener un registro de fumadores.

Por supuesto, cada familia tiene diferentes ideas sobre lo que es aceptable hablar, e incluso niveles de comodidad. Si usted siente que está empujando los límites de lo que se siente cómodo con lo que está haciendo, siempre puede ajustar esto. Sin embargo, usar a sus hijos para que le animen a dejar de fumar es estupendo. Después de todo, los niños son famosos por meterse con la gente y señalar sus defectos. Si usted permite que su hijo le ayude con sus impulsos de fumar, es posible que se dé cuenta de que realmente no quiere seguir fumando si sus hijos están ocupados con usted todo el tiempo. No importa lo que funcione mejor para usted y su situación particular, usted necesita aprovechar cualquier oportunidad para fomentar un vínculo y aplastar el impulso de fumar. Su hijo estará muy orgulloso de usted después de que haya dejado de fumar, y seguramente tendrá una mayor confianza en sí mismo.

TRABAJANDO LAS MATEMÁTICAS DEL TABAQUISMO

Si usted está tratando de dejar de fumar, a menudo es necesario que realmente mire su presupuesto general para obtener una razón real para dejar de fumar. Simplemente tratar de dejar de fumar por su salud a veces no es suficiente. Usted necesita realmente abrir los ojos a veces para ver cuánto le está costando realmente fumar cada año que fuma. Además, esto también puede verse afectado si usted requiere una gran cantidad de atención médica debido a complicaciones relacionadas con el tabaquismo. Sin embargo, como mínimo, los costos con los que usted puede contar con seguridad incluirán los costos de los cigarrillos mismos.

Si alguna vez se ha parado a pensar en cuánto estás gastando a la semana en cigarrillos, seguramente ha notado que es una cantidad bastante significativa. Los precios están subiendo más que nunca, y esto se debe en gran medida al hecho de que muchos estados, comunidades y el gobierno están imponiendo impuestos extremadamente costosos sobre los cigarrillos para ayudar a compensar muchos de los crecientes problemas de salud que se crean. En promedio, en todo el país puede costar hasta $5 o 5€ por paquete. Si usted tiene un hábito de fumar que consiste en un solo paquete por día, usted está fumando siete paquetes en una sola semana.

Esto puede no parecer mucho, pero si usted considera que cada semana, usted está gastando $35 en cigarrillos, puede sumar rápidamente. En una sola semana si cada paquete cuesta $5 usted habrá gastado tanto como ¡$35 en sus cigarrillos! Para muchas personas esto es un tanque de gasolina, un viaje a un cine, o incluso un nuevo equipo si usted sabe cómo comprar bien. Usted podría incluso poner el dinero en una cuenta de ahorros y empezar a descubrir cómo su dinero podría crecer, en lugar de ser quemado.

Por mucho que la idea de 35 dólares pueda parecer mucho dinero, para muchas personas es sólo un precio menor a pagar por algo que disfrutan a fondo. Si consideramos que el mes promedio tiene 30 días, y cada día que fuma un paquete de cigarrillos de $5, el precio mensual subirá hasta aproximadamente $150. Esta es una cantidad bastante sustancial y fácilmente podría cubrir las facturas de gas, electricidad, agua, teléfono o incluso una gran noche en la ciudad de vez en cuando.

Si realmente desea ver el impacto general de fumar cada año, considere que cada año está fumando 365 paquetes de cigarrillos. Esto multiplicado por 20 llega a 7,300 cigarrillos cada año, lo que equivale a la asombrosa suma de ¡$1,825 dólares cada año! Hablando de una gran cantidad de dinero gastado en fumar. Recuerde que este es sólo el precio de un solo paquete por día, y es asumiendo que usted está pagando sólo $5 por paquete, muchos estados tienen precios más altos, mientras que otros son un poco más baratos. Si usted realmente fuma más de un paquete al día, usted estaría buscando $3,650 al año por un hábito de fumar de dos paquetes al día, así como ¡14,600 cigarrillos cada año que usted fuma!

El precio de los cigarrillos cuando se suman en un solo año es horrible. Si usted considera que probablemente estaría fumando por un período de 5 años, al menos no debería tener ningún deseo de dejar de fumar y está viendo un costo total de $9,125 por un solo paquete de hábito al día y un sorprendente $18,250 por un hábito de dos paquetes al día. La cantidad de dinero que se puede ahorrar al omitir la compra de cigarrillos es absolutamente enorme.

Estas cifras son aproximaciones. Pero le animo a calcular exactamente el dinero que puede ahorrar en su caso. Teniendo en cuenta el coste exacto del paquete y los cigarrillos que suele fumar al día o a la semana, es fácil de calcular. Y se sorprenderá.

Si la idea de sólo mejorar su salud, usted puede tener un deseo repentino de dejar de fumar después de ver exactamente lo que le cuesta fumar cada año. Los precios de los cigarrillos siguen subiendo, y esto, combinado con el aumento de los gastos de subsistencia, hace que sea extremadamente difícil para las familias llegar a fin de mes. Ahorrar dinero de cualquier manera posible es una gran ayuda, e incluso el gasto de las ayudas para dejar de fumar a precio es significativamente más barato que el costo de seguir fumando realmente.

www.ingramcontent.com/pod-product-compliance
Lightning Source LLC
Chambersburg PA
CBHW031251250726
48655CB00005B/2173